دار جامعة حمد بن خليفة للنشر
صندوق بريد 5825
الدوحة، دولة قطر

www.hbkupress.com

اختبر وتعلَّم مع الورق

La science est dans LE PAPIER

Edition Original: La science est dans *LE PAPIER*.

الطبعة العربية الأولى عام 2020
دار جامعة حمد بن خليفة للنشر

الترقيم الدولي: 9789927141607

تمت الطباعة في الدوحة، قطر.

مكتبة قطر الوطنية بيانات الفهرسة – أثناء – النشر (فان)

جو غلا، سيسيل، مؤلف.

[Science est dans le papier]. Arabic

اختبر وتعلم مع الورق / تأليف سيسيل جو غلا، جاك غيشارد ؛ رسوم لوران سيمون. الطبعة العربية الأولى. – الدوحة : دار جامعة حمد بن خليفة للنشر، 2020.

صفحة ؛ سم. – (اختبر وتعلم مع)

تدمك: 978-992-714-160-7

ترجمة لكتاب: La science est dans le papier .

1. الورق -- أعمال للأطفال. 2. صناعة الورق -- أعمال للأطفال. 3. العلوم -- تجارب -- أعمال للأطفال. أ. غيشارد، جاك، 1946- مؤلف مشارك. ب. سيمون، لوران، 1979- رسام. ج. العنوان. د. عنوان مجتزأ: ورق. هـ. السلسلة.

TS1105.5 .J84125 2020

676 – dc23 202027854401

اختبر وتعلَّم مع الورق

تأليف: سيسيل جوغلا - جاك غيشارد

رسوم: لوران سيمون

دار جامعة حمد بن خليفة للنشر
HAMAD BIN KHALIFA UNIVERSITY PRESS

سيسيل جوغلا مؤلفة كتب اليافعين مقتنعة تمامًا بأن المراقبة وإجراء التجارب هما أفضل وسيلتين لمعرفة العلوم واستيعابها، لذلك ابتكرت هذه السلسلة الغنية بالاكتشافات.

جاك غيشارد مبتكر مدينة الأطفال والمدير السابق لمتحف العلوم «قصر الاكتشافات»، يسعى جاهدًا كي يضع كل المبادئ العلمية الأساسية في متناول الأطفال بأسلوب فريد.

ينفذ لوران سيمون رسومات قصص الأطفال واليافعين، ويكتب لهم في بعض الأحيان. يحب الرسم للكتب المتخصصة العلمية وغير العلمية.

اختبر وتعلَّم
مع
الورق

المحتويات

22 إجعل الألوان تتصاعد.

24 إجعل الأوراق تطير.

26 اختبر متانة الورق.

28 كتابان يصعب فصلهما.

30 إصنع ورقًا معادًا تدويره.

تعرَّف على الورق

وجدتَ ورقةً في درج الطابعة في المنزل. هل فكَّرت بالنظر إليها عن قرب؟

تصدر الورقة ضجةً عند تحريكها وهزِّها. صوتها واضح.

حين أطوي الورقة إلى نصفين، تصدر ضجةً أقل وصوتًا أخف.

ما شكلها؟

كيف تجد مواصفات الورقة؟

وصلت الورقة إليكَ بعد أن:

قُطفت من الحقل

صُنعت في مصنع الورق

أنتجها حيوان الكنغر

الإجابة: صُنعت في مصنع الورق.

اختر من بين تلك الأشياء شيئًا غير مصنوع من الورق:

الإجابة: فرشاة الأسنان.

لم تعد المعلومات عن الورقة غريبة عنك.
اقلب الصفحة لمعرفة المزيد عنها.

كيف يُصنع الورق؟

ما هذه البقع؟

إنها ألياف، أي خيوط مجهرية
مترابطة بعضها ببعض.

أمر لا يصدَّق!

يمكننا صنع الورق من الأقمشة،
والنباتات، ومن براز الحصان أيضًا:
جميعها يحتوي أليافًا!

ممَّا يتكوَّن الورق؟

من نشارة الخشب، وهي أجزاء صغيرة جدًّا من
الخشب مكوَّنة من ألياف السليلوز.

كيف تنتظم الألياف في الورقة ؟

تتمزق وفق **خطوط طولية مستقيمة،**
كاتجاه الألياف داخلها.
معظم ألياف الورقة تنتظم بالطول.

تتمزق **بخط منحرف،**
كي يتلاقى مع اتجاه الألياف.
يمكنك تمزيق محرمة أيضًا، التجربة ستكون مذهلة!

أحسنت، لم تعُد مكونات الورقة سرًّا بالنسبة لك!

اكتب رسالة سرية

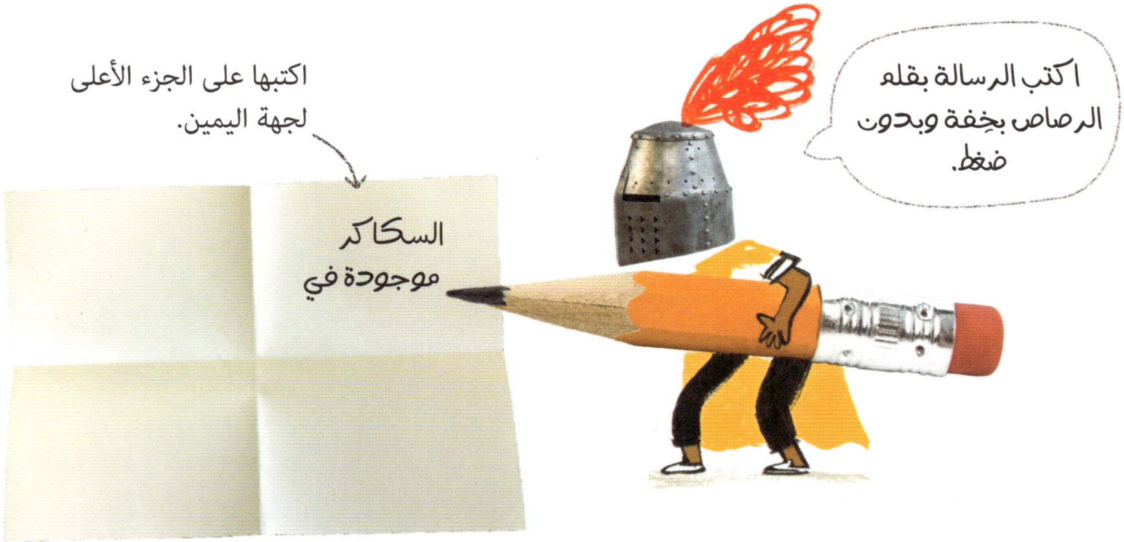

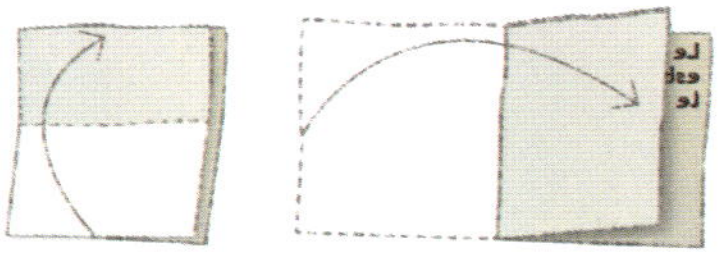

اِطوِ الورقة عند منتصفها، وأعِد الكرَّة مرة ثانية.

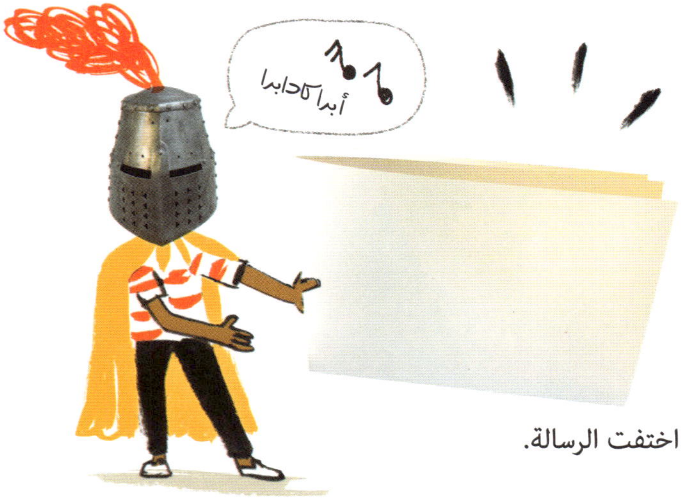

اختفت الرسالة.

لماذا اختفت الرسالة؟

الورقة المطوية سميكة، ويصعب على الضوء الطبيعي أن يخترق طبقات أليافها المكدسة. الورقة **كاتمة** للضوء الطبيعي.

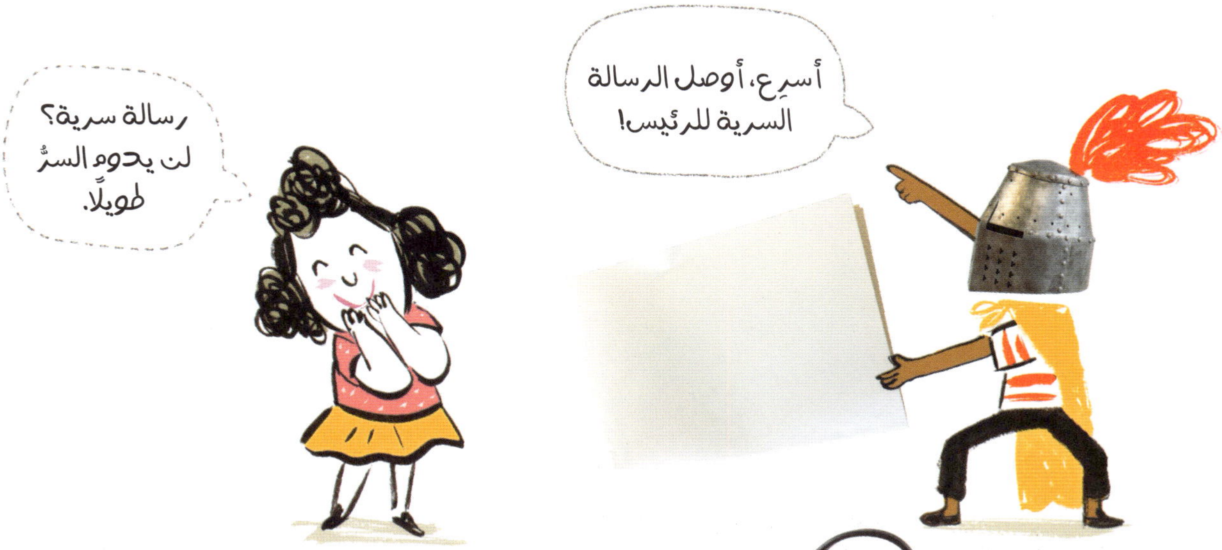

أسرِع، أوصِل الرسالة
السرية للرئيس!

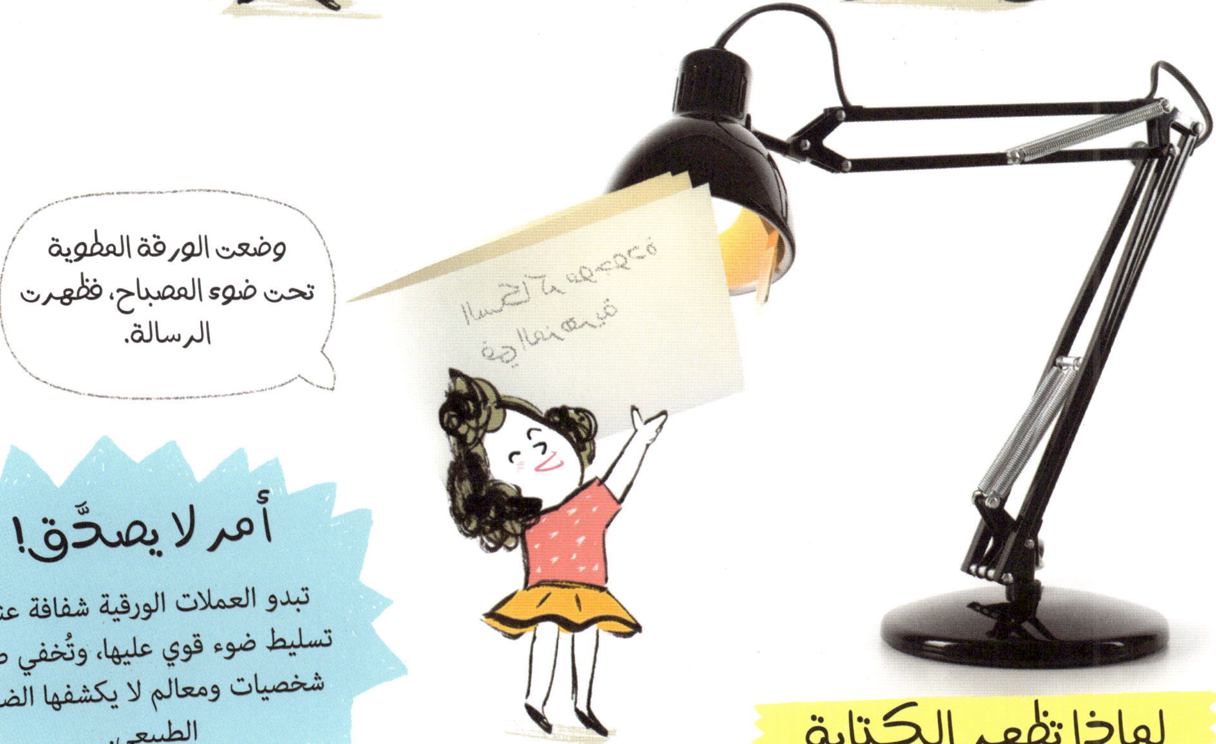

وضعت الورقة المطوية
تحت ضوء المصباح، فظهرت
الرسالة.

أمر لا يصدَّق!

تبدو العملات الورقية شفافة عند تسليط ضوء قوي عليها، وتُخفي صور شخصيات ومعالم لا يكشفها الضوء الطبيعي.

لماذا تظهر الكتابة تحت ضوء المصباح؟

لأنَّ ضوء المصباح قوي جدًّا، ويخترق طبقات الألياف.
الورقة **شبه شفافة.**

يا للبراعة! صرتَ تعرف الآن أنَّ الورقة قد تكتم الضوء، أو تسمح له باختراقها.

إِقطَع الموزة بالورقة

ضع حافة الورقة تحت المجهر، تجد لها أسنانًا صغيرة كالسكين...المسنَّن.

أمر لا يصدَّق!

أحيانًا تنزلق حافة الورقة بسرعة فوق إصبعنا فتجرحه.

لماذا تقطع الورقة الموزة؟

لأنَّ حافة الورقة جامدة كشفرة السكين، تغوص داخل الموزة. الحافة **تقطع** الورقة لأنها **رقيقة** ومسنَّنة.

رائع، تعلَّمتَ أنَّ الألياف الموجودة عند حافة الورقة تقطع كالسكين.

اِصنع قبعة من ورق

مظروف ليّن من الورق

اِطوِ زاويتي المظروف العلويتين لتشكلا زاوية معًا. اضغط جيدًا على الثنيات.

اِطوِ الجزء المستطيل في الأسفل إلى الأعلى.

حيلة ذكية

اِضغط على الثنيات كي تحدِّدها أكثر، بظفرِك أو بسكين دائري الرأس.

لماذا يبقى الورق مطويًّا ؟

حين **نطوي** الورقة، **الألياف** عند الثنيات **تتكسَّر**، وتتمدَّد خارجها. تبقى الورقة مطويَّة، وتتمزَّق بسهولة عند مستوى الثنية.

رائع! صرتَ تتقن فنَّ طيِّ الورق، الأوريغامي، واكتشفتَ أنك تستطيع تكسير ألياف الورقة حين تطويها.

دع أزهار الورق تتفتّح

لماذا تتفتح أزهار الورق فوق الماء؟

يتغلغل الماء داخل الألياف المتكسرة في ثنيات الورق، وتتضخم الألياف وتجعل الورقة المطوية تستقيم. تمتص ألياف ورق الصحف الماء فورًا، في حين أن ألياف الورق الأبيض المغطى بالورنيش تحتاج مزيدًا من الوقت.

يا للبراعة: اكتشفتَ مبدأ الخاصية الشَّعريَّة، الذي يتيح للماء السريان في ألياف الورق!

إجعل الألوان تتصاعد

أقلام اللباد باللونين الأخضر والأسود مثيران للاهتمام في هذه التجربة.

لماذا تتغيَّر الألوان وتتجه صعودًا في الورق؟

يسحب الخل الخضاب الملوَّن حين تمتصه الورقة، ويفصل الألوان بعضها عن بعض. الخضاب الأخف وزنًا يتجه إلى الأعلى.

صرتَ تعرف شيئًا عن مجال طباعة الألوان، واختبرتَ كيف يتغلغل خضاب الحبر في الورق بدرجات مختلفة.

إجعل الأوراق تطير

لماذا تطير الأوراق بسرعات مختلفة؟

حيلة ذكية

إذا صنعتَ طائرة ورقية، ستجدها تطير سريعًا؛ وتخترق الهواء بسهولة بفضل زواياها. إنه مبدأ ديناميكية الهواء.

لقد عرفتَ الآن كيف يقلل احتكاك الهواء بالورقة من سرعة تحليقها.

اختبر متانة الورق

يلزمنا أربع أوراق بقياس A4.

أمر لا يصدَّق!

تُصنع أحيانًا مقاعد من الكرتون المموَّج! يتكوَّن هذا الكرتون المتين جدًّا من طبقة من الكرتون المموَّج، مثبتة بين طبقتين من الكرتون.

يمكن للأسطوانات أن تحمل كتبًا وزنها 20 كلغ، بوزن طفل عمره 5 سنوات!

لماذا يتحمَّل الورق وزن الكتب؟

الورق ضعيف، ولكن حين يأخذ الشكل **الأسطواني** - مثل الأنبوب- يصبح أكثر **قوةً وتحملًا**.

يا لك من مهندس معماري! صرتَ تعرف الآن أنَّ الشكل الأسطواني يزيد الورقة قوةً.

كتابان يصعب فصلهما

نشبك مجموعة من
أوراق كتاب الجيب...

... مع مجموعة أوراق
من كتاب جيب آخر.

لا بد من تداخل 20
ورقة من كل كتاب
على الأقل.

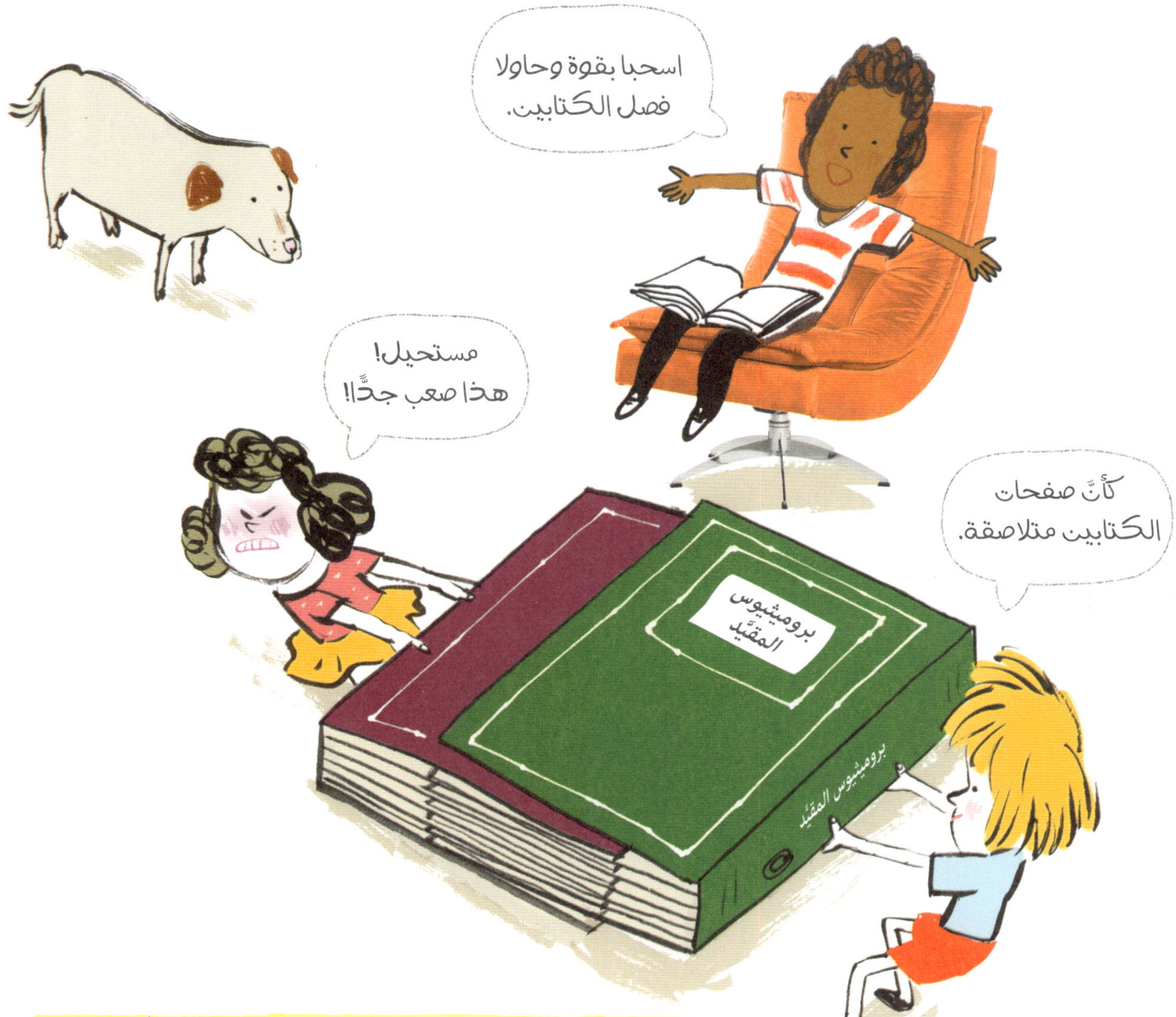

اسحبا بقوة وحاولا فصل الكتابين.

مستحيل! هذا صعب جدًّا!

كأنَّ صفحات الكتابين متلاصقة.

بروميثيوس المقيَّد

لماذا يصعب فصل الكتابين؟

صفحات الكتابين مصنوعة من **ورق خشن**، و**تحتك** فيما بينها و**تتلاصق**. كلما زاد عدد المجموعات المتداخلة، كان التلاصق أقوى.

حيلة ذكية

نفِّذ هذه التجربة باستخدام مجلتين صفحاتهما مصنوعة من ورق أملس (لامع وناعم)، ستنزلق الأوراق حينئذ بسهولة.

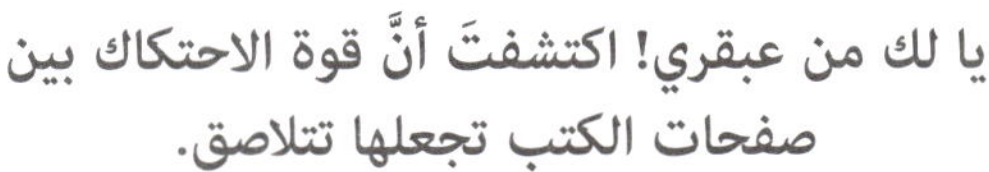

يا لك من عبقري! اكتشفتَ أنَّ قوة الاحتكاك بين صفحات الكتب تجعلها تتلاصق.

اِصنع ورقًا معادًا تدويره

نحتاج إلى قنينة ماء صغيرة.

نصفّي عجينة الورق من الماء لمدة 5 دقائق.

ما عجينة الورق ؟

إنها **عصيدة رمادية لزجة**، نتجت عن تكسر الروابط بين ألياف الورق المبلول بالماء والمطحون. أما المادة اللاصقة التي تربطها فتنتشر في الماء.

نضغط على العجينة بقوة بواسطة الشوبك.

10 مرات

نتخلص من الماء الذي تفرزه العجينة.

نرفع قطعة القماش على مهل، ونترك العجينة حتى تجف.

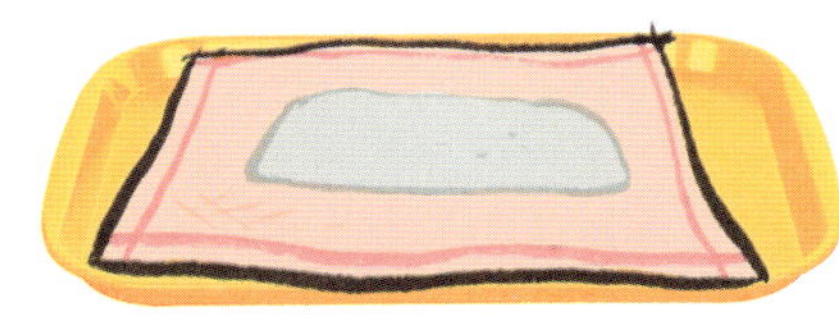

يمكن تجفيف العجينة تحت الشمس أو قرب المدفأة.

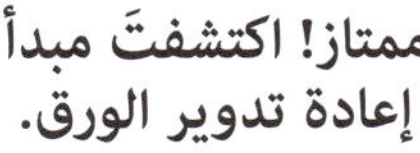

ممتاز! اكتشفتَ مبدأ إعادة تدوير الورق.